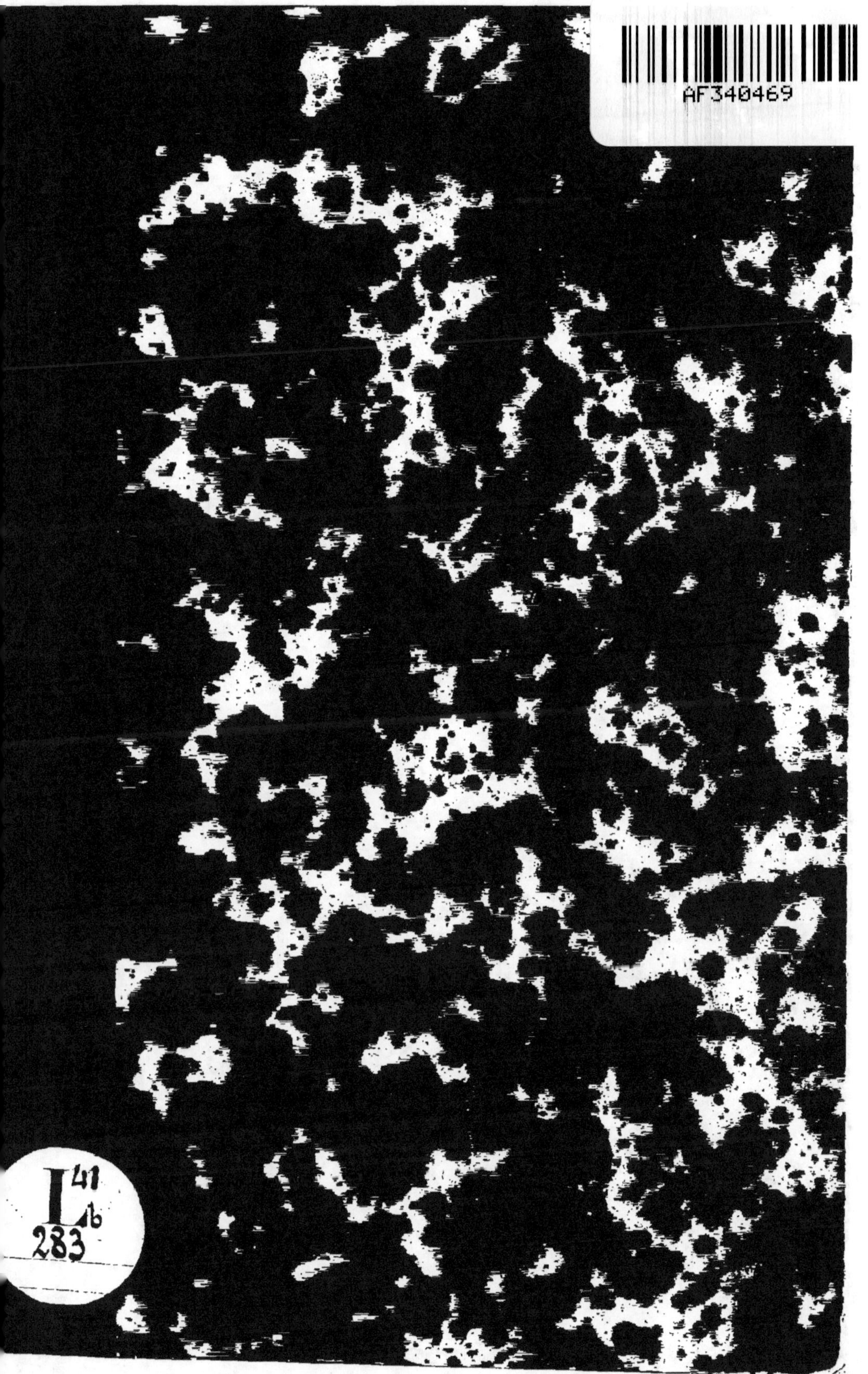

RÉFLEXIONS

MORALES ET POLITIQUES

SUR LE PROCÈS

DE LOUIS XVI.

Dédié a ma Patrie.

Par M. De Rougeville.

Des maîtres que le Ciel établit sur nos têtes,
La chûte ou les revers sont pour nous des tempêtes.
La sûreté publique à leur sort nous unit :
Dieu seul, quand il le veut, les juge et les punit.

A PARIS

Et se trouve au Palais royal, seconde galerie
de bois, n°. 262.

AVIS

AUX OBSERVATEURS HONNÊTES.

J'ÉTOIS loin de soupçonner qu'une nation qui passoit pour la plus éclairée de l'Europe, seroit si lente à sortir des ténèbres qui l'environnent. Quoi? La vérité auroit-elle pris aussi le caractère de la timidité, & seroit-elle étouffée par la terreur? La stupeur auroit-elle gagnée tous les esprits? Ne veut-on pas éviter le naufrage public, soustraire aux factieux, aux chefs de partis, le dernier partage des débris de la France? Il est plus que tems de juger de sens-froid les fureurs, en politique, du peuple, ses erreurs en morale & ses extravagances, en application, fausses de principes sur le droit des gens, des nations & même des choses.

Français,..... le mal est à son comble; se taire plus long-tems, seroit un crime, & dûssions-nous parler en vain, du moins remplissons notre devoir, puisqu'on n'a point le droit de se croire quitte envers sa patrie, pourquoi craindre d'excéder ses forces? Qui sont ceux, témoins des vertus & des bienfaits du Roi, qui n'ont pas le courage de se placer au rang de ses défenseurs? Qui sont ceux, intéressés dans la chose publique, qui peuvent résister à l'importance du sujet? Oseroit-on nous accuser de flatterie? Nous en appellons à la vérité même dans toute sa *sainteté*.

Si la défense d'un accusé exige en général toute la capacité, toute la sagesse, toute l'énergie, l'ame entière du défenseur, quel intérêt n'inspire pas cet important ministère? De quel feu n'enflâme-t-il pas, lorsqu'il s'agit de le consacrer à cette illustre victime du malheur, qui du faîte de la grandeur & de tous les pouvoirs, est tombée dans le plus pro-fond abyme de l'adversité.

C'est d'après ces dispositions bien sincères d'un cœur plein de ce qu'il ressent, que j'ai entrepris l'examen des motifs qui importent à la tranquillité de la France & au succès de la dernière révolution. Indépendamment des principes directs et solides qui se pré-sentent naturellement pour le système de la non-jugeabilité, la grande raison du salut public l'exige & semble l'ordonner.

La dernière question suffiroit seule pour offrir un résultat ainsi décisif ; qu'on se borne à considérer que le roi laisse un fils, des frères, des neveux, des parens de différentes branches, & qu'en conséquence il ne faut chercher des gages solides de l'affermisse-ment de la révolution, que dans la paix ho-norable, qui doit suivre les succès de notre tranquillité. Assurément ce ne seroit pas du supplice du roi que naîtroient des moyens de sécurité ; enfin il s'agit de ces vérités si importantes, qui tiennent au bonheur du genre humain ; car n'en doutons pas, le jour appro-che : il doit voir en quelque sorte déborder le torrent d'une suite d'infractions sans nombre

(5)

& de ravages irréparables, présages d'un dé-
sastre prochain & destructeur. Plus ce grand
malheur menace notre patrie, plus nous devons ranimer notre confiance, raffermir nos
forces, et nous remplir d'un courage qui ré-
ponde à l'importance de l'objet. La liberté de
nos opinions doit jaillir de la contrainte, où
une espèce de tyrannie semble vouloir res-
serrer.

Je vais donc combattre de tout mon pouvoir cette complicité d'intrigues ténébreuses,
le génie du mal, par les armes de la convic-
tion la plus frappante & par les principes
les plus raisonnables, puisés dans la saine morale de tous les peuples policés. Je me flatte que
ce parallèle exact & présenté avec autant d'im-
partialité que de vérité, ouvrira enfin les yeux
au peuple trop crédule ; Hélas ! ce peuple
si bon qu'on se tourmente à rendre méchant, ne
s'est abandonné à l'erreur la plus grossière, &
porté aux excès les plus effroyables, que parce
qu'il y a été entraîné malgré lui, par la force de
la séduction & celle de l'imposture.

Qu'il est de l'intérêt de toute cette belle,
grande & puissante nation, d'arrêter le jeu des
ressorts de cette infernale machine, d'arrêter
la cause première de leur mouvement, de
leur réaction ; qui sont les passions humaines,
les dissentions, les cabales sourdes et noc-
turnes, les haines rivales, précédés de la
discorde et des crimes, portant le ravage
et la mort jusques dans les contrées les plus
éloignées, et qui semble toujours nous menacer et nous accabler.

A 3

Enfin, il ne faut point que le poignard du soupçon plane plus long-temps sur la tête des véritables amis du peuple, qui sçaura bientôt quels sont les lâches scélérats qui ont trahi ses intérêts et ceux qui les ont servi.

A ce motif qui m'encourage, il s'en joint un autre qui me détermine : c'est qu'après avoir soutenu, selon mes lumières naturelles, le parti de la vérité, quelque soit mon succès, il est un prix qui ne peut me manquer ; je le trouverai dans le fond de mon cœur, dans mes devoirs, mes principes, ce sera un tribut de plus que j'aurai offert à ma patrie, à l'honneur Français et à l'humanité.

J'ai pensé que l'équité exigeoit de moi cet avertissement.

RÉFLEXIONS

MORALES ET POLITIQUES

SUR LE PROCÈS

DE LOUIS XVI.

———

LA plus grande cause de l'univers, celle
qui tient l'Europe entière, & tous les peuples civilisés dans une attente difficile à sou-
tenir est sans doute, le procès de Louis XVI.
C'est dans la solitude où, chaque individu
ose peser, au poids de la raison, les grands
intérêts des peuples; que le philosophe se
livre avec confiance & sans témoins, aux fa-
cultés expansives de son cœur. Il n'est com-
ptable qu'à lui-même de ses soupirs, fidèles
interprètes du sentiment qu'il éprouve. C'est
dans la solitude, que libre de ces premiers
mouvemens que l'indignation commande, ou

A 4

que la pitié fait n'aître, on ne redoute ni la multitude, ni les imposteurs, ni les faux interprètes de nos véritables opinions. Là, on jouit du calme de sa raison : l'honnête homme ne ment point à sa propre conscience, & dégagé des préjugés de l'orgueil comme des sottises d'une métaphisique insupportable, il cherche à donner quelques poids aux réfléxions qui naissent des grands événemens qui l'occupent.

Nous ne considéreront ce mémorable procès que sous deux points principaux, les seuls qui conviennent aux motifs de notre défense. Nous voulons autant l'honneur d'une grande nation qui long-temps adora ses Rois, que le salut d'un infortuné monarque abreuvé chaque jour de l'amertume de ses peines.

Je ne demandrai pas si Louis XVI a péché contre les principes d'une constitution qu'il a acceptée ; je ne discuterai point aucun des faits sur lesquels reposent la bâse de son accusation : je laisse à son défenseur à répondre à tous ces objets. C'est ce qu'il fera sans doute, avec avantage ; c'est ce qu'il fera sans effort, en se renfermant dans le cercle de la loi constitutionelle qui ne peut jamais prononcer contre lui la peine de mort ; mais cette discussion n'est pas de mon fait, elle appartient au Conseil qui mettant à côté du fond les distinctions de la forme saura tirer l'utile parti de sa cause, lorsqu'elle sera présentée avec cet intérêt touchant qui fait tomber les passions, et dispose à la première des vertus, celui qui auparavant médite froidement les horreurs du crime... Heureux, mille fois heureux! celui qui par les charmes d'une éloquence douce & persuasive peut garantir de l'échafaud celui pour lequel aucune voix n'ose se faire entendre... Que les temps sont changés! Qu'est-ce qui n'eut brigué l'honneur d'être le conseil de Louis XVI sur de misérables intérêts civils? Il s'agit aujourd'hui de soustraire cet homme aux horreurs du supplice, & chacun en secret, dévoré de l'orgueil de paroître sur l'arêne, se trouve tout-à-coup arrêté par le contre-poids de la pusillanimité & de la foiblesse!... Hommes courageux, voilà vos vertus! & vous, Rois, voilà les hommes qui se disoient trop heureux quand ils baisoient la poussière de vos pieds (1)!

____

(1) Voici pourtant un sage, (M. Malsherbes), qui se dérobe aux attraits de la solitude, pour offrir au milieu des troubles ses talens à celui qui n'a pas sollicité son

Moi qui ne fus l'esclave que de ma volonté & de mes principes , j'examinerai simplement la position de Louis XVI , & d'abord sous les considérations de la morale, je demanderai s'il est possible de refuser son assentiment à des solutions tirées uniquement du cœur humain.

Louis XVI successeur de son ayeul , ayant moins connu que celui-ci le faste de sa puissance , sembloit avoir quelques vertus privées. Ennemi du luxe, il n'en supportoit l'éclat qu'avec peine, et toujours son cœur fut accessible au sentiment de la pitié. Avec un caractère naturellement confiant, il abandonna le ministère à des mains impures qui sembloient tracer avec complaisance le tableau de ses calamités : *inde mali labes*. Il ne lui resta que la douleur de n'avoir pû sonder la profondeur des maux qui ont dérangé l'ordre politique. A cette subversion désastreuse,

---

zèle. Ce dévouement héroïque est digne de la célébrité de la cause. C'est à la voix de ce vénérable Nestor que des hommes qui gardoient un humble silence, veulent partager aujourd'hui les travaux d'un procés sur lequel ils n'osoient avant prendre aucune détermination... Quel empire les vertus n'exercent-elles pas sur les âmes timides !...

il n'employa point le despotisme effrayant que ses prédécesseurs auroient développé : au contraire il montra sans effort, les vertus pratiques d'un bon père de famille. La chûte des monumens de l'orgueil ne fit aucune impression à la simplicité de ses principes. Il a sû méditer assez profondément sur ces objets pour que sa vanité se tût sans aucun sacrifice à la voix de la raison et de la philosophie.

Louis XVI a voulu le bien dans tous les tems, parce que son heureux naturel le dirigoit vers ce but, même lorsque des injures personnelles se faisoient entendre sous les croisées de son Palais. S'il ne pût opérer tout le bien qu'il désiroit, il gémit plus d'une fois de son impuissance, et ses regrets bien sincères doivent être de quelques poids dans la balance de l'opinion qui doit prononcer sur sa moralité.

Depuis long-tems il fut en butte, ainsi que son auguste famille, aux traits de la plus noire calomnie, et il n'a opposé à tant d'outrages que le calme de sa résignation.

Louis XVI a-t-il violé son serment sur les promesses qu'il a données ? C'est ce que je n'examinerai point, je l'ai déjà dit, j'expose des réflexions utiles, et voilà ma tâche.

Portez vos regards, ô vous, peuple généreux, sur un monarque auquel nul autre ne
pouvoit être comparé. Voyez un Roi qui n'a-
voit dans ses précieux souvenirs que des traits
honorables de la gloire, de la magnificence
de ces ancêtres : les Louis IX, Louis XII,
Henry IV, Louis XIII, Louis XIV et Louis
XV dont les ombres errantes venoient aux
yeux d'un jeune successeur, rappeler les
imprescriptibles droits d'une monarchie qu'il
voyoit s'éteindre : ajoutez à ces rêves, à ces
prestiges des instituteurs fourbes et hipocrites,
des historiens mercenaires, des poëtes adula-
teurs qui faisoient toujours l'apotéose des ty-
rans... Quel prince eut pû se défendre de
quelques efforts naturels à la foiblesse humaine... O vous, peuples qui jugez aujour-
d'hui les Rois, ne voyez dans la conduite de
la triste victime que vous tenez sous les verroux ; ne voyez dans cette conduite, que
ce qui étoit naturel à l'homme de son rang,
à l'homme qui devoit dans le système politique des rois, perpétuer la puissance héréditaire qui lui étoit transmise par le dernier de
ses ancêtres. Eh ! que n'eut pas fait Louis
XIV ? Il eut déployé les grands ressorts de
la domination ; bientôt, et je le dirai en fris-

sonant, la France n'eut été peut-être qu'un vaste cimetière.... Le silence des tombeaux eut soudain remplacé les cris et la fermentation de la multitude.., Voilà Citoyens quelles seroient les atrocités qui souilleroient aujourd'hui les pages de votre histoire!

Louis XVI gouvernoit les hommes de son royaume, non pas avec l'orgueil insolent de ces despostes, qui flétrissent l'humanité, mais avec des affections douces et consolantes ; il étoit essentiellement respecté ; il commandoit impérieusement à l'opinion , parceque l'opinion publique avoit reconnu en lui le maître de la monarchie. C'est donc cet homme, aujourd'hui placé dans les cachots par le sort d'une révolution qui devoit éterniser sa véritable grandeur; c'est cet homme que vous citez au tribunal suprême sans acception des préjugés si naturels à son existence politique, sans considération de son état moral... Français ! pesez dans la balance des vérités éternelles, la destiné de cet infortuné monarque... La honte de l'acharnement qui le poursuit , ne peut frapper sur un peuple humain et généreux. Si le roi est désigné pour victime , c'est une victime qui dans sa résignation a

sçu connoître depuis long-tems ses bourreaux.... Son dernier soupir n'en seroit pas
moins encore pour un peuple qui fut toujours l'objet de ses plus tendres sollici-
tudes.

Je n'apostrophe personne, je demande au
contraire l'indulgence et la sensibilité de
tous. Mais quel est l'homme, s'il veut-être
de bonne foi, qui à la place de Louis XVI,
nourri dans les grandeurs, dans ces idées de
puissance où la volonté suprême ne connoissoit de bornes que celles que le souverain y mettoit lui-même... Que cet homme
soit assez courageux, assez vrai, il dira :
c'est moi qui à la place de Louis XVI aurois été plus coupable que lui, et en effet
telle est l'espèce humaine ; elle incline toujours vers l'orgueil et la domination ; c'est
un aliment à nos passions, comme les parties solides soutiennent nos moyens physiques et matériels. Mais personne ne veut
faire ce raisonnement simple et lumineux.
On érige en principes, une sévérité meur-
trière, et c'est avec ce dogme public qu'on
écarte à jamais du cœur des malheureux,
les plus douces consolations de la morale.

Ah ! vous qui dites avec raison que les

rois sont des hommes, n'oubliez pas aussi qu'ils sont rois, & que moins pénétrés de leur première dignité, ils ne s'occupent que de celle qui les rend les maîtres de la terre. Celui-là, sans doute, a des vertus, qui se rapproche le plus de la nature !...

Considérez donc le descendant de Louis XIV, de ce héros qui pouvoit conquérir le monde, le descendant de celui qui fit trembler l'Europe; voyez Louis XVI, il y a quatre ans, encore investi de cette puissance suprême qui lui supposoit des vertus & lui attiroit les hommages de tous les peuples de l'univers.... Voyez-le aujourd'hui, par une fatalité impitoyable, renversé de son trône brisé en mille éclats, conduit, comme le dernier des criminels, dans une prison où d'énormes verroux ne se font entendre, que pour ôter à son âme affligée l'espoir de ne jamais rentrer parmi les hommes! Que lui seroit-il donc arrivé, s'il eût été à la tête d'une armée de 300 mille soldats, & que les invitant de marcher pour conquérir ses droits envahis, il eût combattu contre un peuple qui l'auroit vaincu? Cette alternative, prévue même par l'acte constitutionnel, ne lui donnoit cependant d'autres hasards à courir, que d'être censé avoir abdiqué la royauté.

La constitution ne prononçoit point sur ses jours. Voici textuellement l'article VI, section Iere. de la royauté & du roi : » Si le roi se » met à la tête d'une armée, ou s'il ne s'op- » pose pas par un acte formel à une telle » entreprise qui s'exécuteroit en son nom, » il sera censé avoir abdiqué la royauté. » Voilà, citoyens, des vérités écrites, & des- quelles je n'ose argumenter ici ; mon but ; je l'ai dit en commençant, n'est point de discuter les moyens de sa défense ; je soumets à l'exa- men d'un peuple généreux la situation cruelle d'un malheureux monarque qui mérite encore ses regrets, & qui est digne de ses plus ten- dres affections.

Charles Ier., dont on crie si fort & avec tant d'affectation les forfaits & les crimes, & qui fut mis à mort par les anglais, excite peut- être aujourd'hui, dans l'âme de ces fiers répu- blicains, plus de remords qu'aucun sentiment contraire. En effet, ouvrez l'histoire de sa déplorable fin. Il convoque le parlement, il assemble tous les pairs du royaume, il ne trouve par-tout que des traîtres & des perfides ; c'est ainsi qu'on répond à sa confiance.... Les parlementaires suscitent des factions, sous ombre que la réformation & la liberté sont

en

en périls... Criminels & spécieux prétextes !
On vouloit du sang, les bourreaux furent bientôt satisfaits. .. Charles Ier. eut la douleur de
laisser périr sur l'échafaut l'infortuné Staffort
qui sembloit être le précurseur de l'opprobre
de ce malheureux monarque. Les historiens,
qui veulent être vrais, protestent de son innocence ; c'est un sentiment qu'on doit à la
mémoire du martyr de la religion anglicane.
Ils nous apprennent que l'ouvrage qu'on at-
tribue à cette illustre victime, fit autant d'effet
sur les anglais, que le testament de César sur
les romains. Mais il n'étoit plus tems ; il ne
restoit à la philosophie qu'a jeter quelques
fleurs dans l'urne où reposent les cendres de
celui qui ne connut que les vrais principes de
la religion & de la morale.

. Ces terribles exemples que les écrivains
fidèles transmettent à la postérité , donnent
matière aux plus sérieuses réflexions . . . .
N'oubliez pas, français, que la première des
vertus est l'humanité envers tous... Voudriez-
vous avoir à gémir des suites d'un effroyable
jugement que la totalité du peuple n'eût jamais
prononcé ! Sachez que c'est ici un objet qui
imprime à la nation française l'obligation de
manifester solemnellement son vœu. L'Europe

B

attentive vous regarde ; vous allez graver sur l'airain, en caractères indélébiles, ou la honte ou la gloire de la république. Si l'universalité des français pouvoit spontanément énoncer son vœu sur le sort de Louis XVI, c'est alors que brilleroient d'un nouvel éclat les vertus de la plus grande nation de l'univers. Quel beau tableau, si, comme tous les romains qui avoient le droit de suffrages, on voyoit, jusques sur les toits des français libres, levant les mains vers le ciel, demander à grands cris l'absolution du plus infortuné des monarques...! A ce touchant spectacle, qui ne verseroit des larmes?... Elles seroient délicieuses ; le cœur ne trompe jamais.... L'innocence ne prend point les manières du crime. Le calme de Louis XVI, sa résignation, son attachement à sa famille, ses principes religieux ; voilà des signes certains, des signes caractéristiques de la pureté de son âme. Non, Louis XVI n'eut jamais l'intention de faire couler le sang. Celui qui seroit capable d'un tel projet, n'auroit pas, comme lui, les vertus premières d'un honnête homme. C'est au milieu de sa prison, environné dans sa sombre demeure de ces geoliers sinistres accoutumés à surveiller le crime ; c'est, dis-je, au milieu de l'orage qui s'amoncèle sur sa tête, qu'il sert tranquillement d'instituteur à son fils. Si quelques soupirs lui échappent, il les étouffe, il les dérobe à la sensibilité naissante de cet enfant qui reçoit ses plus tendres caresses. Celui qui connoît l'inestimable prix des affections paternelles, doit savoir combien sont déchirées chaque jour les entrailles de Louis XVI, qui reportant ses regards sur tout ce qui l'environne, voit comme une ombre fugitive la possession de ses enfans qui lui ont déjà été ravis. Avec quelle modération il se plaint de cette cruelle formalité qu'on observe ! C'est à la vertu seule qu'il appartient de supporter avec autant de résignation ces douloureux sacrifices.... Français, soyez généreux & humains. Le tribunal qui doit prononcer sur les jours de Louis, ne voudra pas qu'on verse le sang de cet infortuné monarque. Il est encore pour le salut de la république des philosophes dans le sénat français, qui peuvent calculer quelles seroient les suites de cette barbare exécution.

Si je me livrois à une discussion méthodique, j'aurois pu changer de langage ; je dirois que, conformément aux lois qui établissent la souveraineté du peuple, les assemblées primaires doivent rejeter ou confirmer le choix des corps électoraux; d'ailleurs l'ajournement adopté sur cette proposition, ne fait que prouver combien la mission de la convention est incertaine & précaire; je dirois plus, & partant des bases posées par la convention elle-même, j'ajouterois que toutes les lois constitutionelles étant soumises à la sanction formelle des assemblées primaires, il en résulte l'impossibilité légale de rien prononcer contre le roi, ou du moins de faire exécuter un jugement : car, de deux choses l'une : ou Louis XVI est encore roi, et dans ce cas il est injugeable ; ou s'il cesse de l'être, ce n'est que provisoirement et jusqu'à la volonté du peuple; autrement ce seroit porter atteinte à la souveraineté. Or, si le principe décrété par la convention n'est que provisoire, la conséquence est nécessairement de même nature soumise comme le principe à l'improbation ou à l'approbation des assemblées primaires ; c'est donc à elles, c'est à ces assemblées que Louis XVI pourroit appeler du jugement de la convention nationale. Mais voici encore le raisonnement de J. J. Rousseau, dont les ouvrages en politique sont le code de la raison et de la morale universelle. « Si-tôt

» qu'il s'agit , dit-il , d'un fait ou d'un droit
» particulier sur un point qui n'a pas été
» réglé par une convention générale et anté-
» rieure , l'affaire devient contentieuse. C'est
» un procès où les particuliers intéressés ,
» sont une des parties et le public l'autre ;
» mais où je ne vois ni la loi qu'il faut suivre ,
» ni le juge qui doit prononcer. » Si nos législateurs trouvent ici l'application du principe , la question est jugée ; si elle n'est pas
jugée , en rigoureuse logique on peut au
moins , je le répète , appeler de ce fameux
procès aux assemblées primaires : c'est une
conséquence naturelle , et qui découle des
loix reconnues et consacrées par la convention elle-même. (1) Mais loin de nous ces

---

(1) Les décemvirs eux-mêmes ne s'arrogèrent jamais le droit de faire passer aucune loi de leur autorité. Rien de ce que nous vous proposons , disoient-ils
au peuple , ne peut passer en loi sans votre consen-
tement : Romains , soyez vous-mêmes les auteurs des
loix qui doivent faire votre bonheur.

Celui qui rédige les lois n'a donc ou ne doit avoir
aucun droit législatif, et le peuple même ne peut ,
quand il le voudroit, se dépouiller de ce droit incom-
municable , parce que , selon le pacte fondamental, il
n'y a que la volonté générale qui oblige les particu-

convocations, ces formes régulières. Le cœur des français est le tribunal unique auquel veut en appeler Louis XVI ; c'est dans l'âme du peuple entier, c'est dans le sentiment public, qu'il trouvera la plus douce consolation à ses maux. Ce noble abandon de sa destinée marque assez combien il voit les passions réagir sur les opinions les plus sages. Eh ! qui peut ignorer l'influence de ces tribunes permanentes qui gouvernent les délibérations du sénat ! C'est un attentat scandaleux à la majesté d'un grand peuple.... Seroit-ce donc au milieu de ces horribles agitations (1) et sous le poignard des assassins qu'il faut prononcer sur le sort de Louis XVI .. ?

----

liers, et qu'on ne peut jamais s'assurer qu'une volonté particulière est conforme à la volonté générale, qu'après l'avoir soumise *aux suffrages libres du peuple.* J'ai déjà dit cela, mais il n'est pas inutile de le répéter.

Contrat soc.

(1) Plus le concert règne dans les assemblées, c'est-à-dire, plus les avis approchent de l'unanimité, plus aussi la volonté générale est dominante ; mais les longs débats, les dissentions, le tumulte annoncent l'ascendant des intérêts particuliers et le déclin de l'état.

Contrat soc.

(23)

Il n'est qu'un tribunal auguste digne de juger
les hommes et les rois. Ce tribunal devroit être
l'aréopage des Athéniens ; il devroit être com-
posé des vertus et de la sagesse , qui offrent à
nos yeux étonnés l'image de la divinité sur la
terrè. C'est dans la nuit qu'un silence religieux
seroit observé au milieu du sanctuaire des loix
par les ministres de la volonté suprême. Là ,
sans passions l'homme fort de sa vertu atteste-
roit l'innocence de l'homme injustement accusé, comme il prononceroit avec impassibilité
les mots terribles qui condamneroient le criminel à la mort.

Ces fiers athéniens qui nous valoient bien ,
savoient que leur république ne tiroit point
son éclat, sa splendeur de ses galères seules,
de ses ports fameux , de ses nombreuses lé-
gions. Ils savoient que les factions et les
partis dévoroient les plus vastes états de la
terre. Delà cette surveillance active sur toutes
les branches de l'administration ; ces luttes
entre des législateurs dont les noms ne péri-
ront jamais ; ces mœurs pures sans lesquelles
il n'est pas de vertus ; cet amour du bien
public qui fit honte aux égoïstes calculateurs
et qui rendit chaque citoyen tributaire envers
l'autel de la patrie.... Hommes sages ! Vous.

n'aimiez pas les rois, mais vous étiez justes, et vous eussiez délibéré froidement sur les jours même de Philippe, qui étoit votre ennemi cruel, le perfide assassin de votre liberté. Vous eussiez donné à l'univers, autant par humanité que pour l'honneur de votre indépendance, le spectacle imposant d'une discussion lente, où la morale et la politique auroient infailliblement fait naître des résultats dignes de votre sagesse.

Citoyens, le procès fameux de votre infortuné monarque est un objet qui peut décider du sort de votre gouvernement. Au nom de la morale, respectez les jours de Louis XVI.

La politique ne vous prescrit pas moins cette sage mesure.

Les armemens de toutes les puissances maritimes, les formidables armées de ces rois qui vous observent, quels sujets de méditations pour l'observateur qui ne desire que le salut de ses concitoyens !

Si, par le plus sinistre évènement, Louis XVI succomboit sous le glaive de la loi..... Ah ! Français pardonnez la douleur d'un homme qui désire autant que vous, la liberté de son pays : mais je ne vois que désastres ;

des guerres sanglantes, des rois conjurés contre votre patrie : les poignards des assassins tournés contre nous! Je vois des familles entières immolées à la fureur des barbares, qui porteroient dans vos foyers l'épouvante et la désolation....! Eussiez-vous des succès.... Eh! Quels succès, grand Dieu! Que ceux qui coûtent des millions d'hommes! La nature ne frémit-elle pas de ces cruels sacrifices...! Les peuples, direz-vous, abandonneront les farouches despostes, et bientôt ils seront exterminés.... Mais, Français, qui vous a dit que les autres nations, instruites de l'exécution de votre dernier monarque, ne vous accableront pas de toute leur indignation et de leur mépris...? Ne vous abusez pas; comptez peu sur les insurrections... Les peuples voisins de la république voyent encore dans leurs habitudes, la nécessité d'un roi, comme ils sentent la nécessité d'un Dieu. Ils rendent à celui-ci le culte que leur impose la religion qu'ils professent, et l'obéissance envers leur prince est un culte politique, dont ils s'honorent. C'est encore, me direz-vous, la sottise des préjugés, soit; mais je ne partage pas, moi, l'opinion de ceux qui ne veulent plus de préjugés : c'est réduire l'homme à l'état naturel et sauvage, où, mû seulement par l'instinct de ses besoins physiques, & n'écoutant que sa volonté seule, il ne reconnoît ni les liens de la morale, ni les rapports, ni les convenances de la société. C'est ainsi que l'homme n'existe plus que sous l'empire de ses caprices.. Sans les préjugés, que seroit devenue la civilisation de ces états qui ont servi de modèles à tous les peuples de l'univers ? Au surplus, je laisse aux savans ce ton dogmatique sur une matière dont les discussions nous méneroient trop loin. J'excuse seulement les peuples nos frères des préjugés qui les gouvernent encore. Je ne demande que la paix, la justice distributive, l'ordre, la liberté soumise au despotisme de la loi, voilà les principes qui font le sujet de mes adorations. C'est en promenant mes regards sur toutes les puissances qui m'environnent, que je ne peux voir sans frémir les suites d'un tragique évènement. Encore une fois, l'intérèt public, la tranquillité individuelle, le bonheur de tous, dépendent des mesures sages que vous allez prendre sur le sort de votre infortuné monarque.... N'oubliez pas, Français quels furent les assassinats, les guerres intestines qui désolèrent l'Écosse , l'Irlande et l'Angleterre , après l'exécution de Charles Ier. Le féroce Cromwel sacrilège usurpateur des prérogatives du trône, commanda le meurtre , revêtu de la dignité protectorale. S'il refusa la royauté , c'étoit par une dissimulation combinée , pour mieux mettre le comble à la scélératesse. Il ne voulut compter ses exploits que par le nombre de ses crimes.... Barbare ! il n'est resté à la mémoire de tes misérables triomphes, que la honte d'être déterré ; traîné sur la claye et enterré au pied du gibet ! C'est un acte public des remords de ces fiers Anglais , qui gémissent encore de l'exécution du meilleur des princes.

Français, soyez humains envers Louis XVI ! Ne préparez pas les siècles futurs à rejeter sur vos tombeaux, les crimes de la génération présente. Faites que nos descendans puissent avouer notre courage, et que glorieux de nos vertus , ils jouissent avec orgueil des sentimens généreux qui honoreront notre carrière politique.

Il est un terme sans doute à toutes les révolutions de la terre. Celles qui font couler des fleuves de sang ; celles qui élèvent du champ des batailles , ces montagnes de morts qui épaississent l'atmosphère de ces vapeurs cadavéreuses qui désolent encore les campagnes.... ! Français nos guerres seront-elles donc éternelles ? Voilà pourtant une esquisse de ses ravages...! quelle immense population ! qu'els trésors , quelles armes pourroient tenir à des attaques universelles , légitimées par la rigueur d'un exécrable supplice...! Ah! si vous n'écoutez la morale , la politique vous fait un besoin de ne porter aucune atteinte à l'existence de Louis XVI. Vos intérêts, vos propriétés , votre vie, sont des gages qui n'échapperoient pas aux redoutables vengeurs du crime... C'est, n'en doutez pas , un parodoxe digne de nos places publiques, de dire qu'un roi n'est qu'un homme comme un autre ; sans doute dans l'ordre anatomique, ses organes sont comme les miens, mais dans le système politique qui enchaîne et lie les intérêts partiels comme les intérêts communs , un roi même abattu sans espoir de renaître, importe encore à la tranquillité publique. S'il est tombé sous les débris du trône, il inspire un sentiment de pitié dont on ne peut se défendre; si les loix le condamnent , sa mémoire est encore honorée par les larmes de ceux qui croyent à son injuste persécution. C'est alors que la foudre des puissances s'allume et nous embrâse : les guerres civiles, ces fléaux destructeurs, déchirent le sein de la patrie, et il ne reste aux bons citoyens qu'à s'ensevelir sous les ruines d'un état qui n'offre que la dévastation et la mort.

Evitez ces nuits de deuil et de destruction. Il est encore de beaux jours pour vous, Français ! vous pouvez assurer votre gouvernement et rendre même vos lois universelles. Soyez généreux envers Louis XVI : traitez ce prétendu coupable, avec cette effusion de bonté, qui caractérise les grandes nations. Prescrivez un exil et faites un sort honorable à celui que vous ne reconnoissez plus pour roi ; c'est alors que dans cette noble et courageuse résolution, vous vous attirerez les hommages de tous les peuples.... Les poignards tombent des mains des parricides... Les Tribuns, les Protecteurs, les Sylla, les Cromwel expirent au milieu de vous, écumant de rage dans leur politique astucieuse. Les rois, ces ennemis cruels, forcés par les peuples mêmes qui nous observent, de régler leurs hostilités sur nos

sentimens généreux, ne pourront plus compê-
ter sur des soldats qui chérissent comme nous
l'humanité ; que diroient-ils en effet dans
leur frénétique audace ? Les Français pouvoient immoler Louis XVI, ils pouvoient
consommer le dernier des crimes, ou exécuter un jugement rigoureux, contre le prétendu coupable, ils ne l'ont pas fait lorsque
nulle puissance n'arrêtoit leur bras ! Voilà ce
que diront les rois armés contre nous ! La
soif de la vengeance qui les dévore, sera
éteinte par les sentimens de notre généro-
sité... S'ils étoient assez ingrats pour oublier
notre humaine sagesse, notre gratitude ; les
peuples alors, et c'est alors qu'on pourroit
l'espérer, se souleveroient infailliblement
contre eux. Ce n'est plus ici une affaire de
politique, c'est encore moins un calcul de
révolution, mais c'est l'humanité toute entière qui vengeroit la plus généreuse des
nations.... Monarques, si vous n'étiez sen-
sibles à la grandeur, à l'héroïsme des Français, ne croyez pas que les peuples fussent
assez lâches de souffrir vos attentats et vos
crimes.... Vous n'auriez plus d'impôts, vous
n'exerceriez plus la despotique autorité qui
vous fit trouver des esclaves, en avilissant la

nature.... Plus de matelots pour vos flottes superbes, plus de soldats pour grossir vos armées, vous ne trouverez plus que des hommes libres et des citoyens, qui ne seront plus les héros de vos déplorables conquêtes. La morale, ce sentiment universel qui anime tous les êtres pensans, électriseroit tous les peuples. Bientôt vous disparoîtriez du globe, si par des moyens sanguinaires vous tyrannisiez un peuple généreux, qui n'a pas voulu la mort d'un coupable. Seroit-ce donc par la férocité que vous répondriez à l'humanité même ! Telles résolutions funestes que vous prissiez encore.... Français ne nous livrons point aux regrets d'avoir soutenu la plus belle et la plus glorieuse de nos actions : elle seule nous assure l'immortalité. La mémoire des conservateurs de Louis XVI, ne périra qu'avec la dissolution de la nature, dussions nous éprouver des revers affreux.... des pertes affligeantes...! eh ! bien, montrons à l'univers qu'il est beau de ne partager ses triomphes qu'avec la vertu, et que des mains pures ne doivent pas être souillées par le meurtre des bourreaux.

Au moment où je faisois imprimer ces espèces d'observations , un de mes amis, partant pour Londres , vint me prier d'insérer ses réflexions à la suite des miennes? Que le lecteur ait la bonté de vouloir bien croire qu'elles font cause séparée.

Je prévois qu'on me pardonnera difficilement le parti que jai osé prendre ; si je n'en suis quitte que pour déplaire à quelques personnes qui ont leurs raisons pour repousser la vérité , je n'aurai à me plaindre que de leur injustice. Si mes ennemis forment le projet de faire tomber ma tête , pour mon ami, il combleront leur iniquité ; mais je les préviendrai, je leur dirai : je vous l'apporte cette tête que menacent vos coups, me voici, frappez.

Je ne m'engagerai point dans des formes oratoires, il s'agit ici de présenter des faits & non des mots. Je débuterai donc par cette demande.

Représentans, soi-disant de la nation, vous devez, dites-vous, prononcer sur le sort de Louis XVI.

De quoi Louis XVI peut-il être coupable

à vos yeux, quel droit plutôt avez-vous de l'accuser ? Êtes-vous ses juges ? Devez-vous être ses accusateurs ?

Prenez-garde, vous n'êtes rien, ou vous avez des devoirs à remplir !

Vous n'êtes rien, parce que vous n'êtes pas premièrement les agens de la volonté générale de la nation ; si vous l'êtes, vous ne deviez et ne pouviez agir que d'après ses instructions ; vous ne pouviez aller au-delà des bornes que ces instructions vous ont imposées. Tout ce qui excéde ces bornes, tout ce qui est contraire à ces instructions est donc absolument nul, et ne peut être obligatoire pour personne.

Le Roi ayant fait connoître au mois de Novembre 1787, son intention de convoquer les états-généraux du royaume, tel qu'en 1614, Sa Majesté a ordonné aussitôt toutes les recherches qui pouvoient en rendre la convocation régulière et utile à ses peuples.

L'intention de Sa Majesté étoit évidemment de réunir et de recueillir avec satisfaction le vœu de ses sujets, par des mémoires ou observations qui devoient lui être adressés par les membres des états-généraux, seul moyen facile de communiquer avec eux, &

de connoître leur vœu sur ce qui les in-
téresse.

Le Roi, espérant aussi procurer à la nation
la tenue d'états la plus régulière et la plus
convenable ; prévenir les contestations qui
pourroient en prolonger inutilement la durée ;
établir dans la composition de chacun des
trois ordres, la proportion et l'harmonie
qu'il est si nécessaire d'y entretenir ; assurer
à cette assemblée la confiance des peuples,
d'après le vœu desquels elle aura été for-
mée ; enfin la rendre ce qu'elle doit être,
l'assemblée d'une grande famille, ayant pour
chef le père commun.

Mais qu'elle fut la surprise de Sa Majesté,
lorsqu'à peine les état généraux furent con-
voqués par ses ordres, qu'ils s'organisèrent
d'eux-mêmes, sans la sanction des peuples
ni celle du Roi, sous le nom d'assemblée
représentant de la nation entière.

Cette assemblée d'individus, députés de
tous les Baillages & Sénéchaussées du Royaume ne pût donc s'approprier le caractère
d'un Sénat national, parce que ses membres
n'étoient dans le fait & dans le droit, que des
députés des Provinces & de leurs peuples,
qui n'ont voté que pour la réforme seule des

abus, & pour leur bonheur, qui n'ont voté
que pour leur maintien & la prospérité de la
monarchie ; qui n'ont voté que pour la con-
servation de leur religion & de son culte, qui
n'ont voté que pour que leurs propriétés fussent respectées & à l'abri des incursions de l'ennemi , ainsi que leur existence individuelle ,
phisique & morale ; qui n'ont voté que pour
que les privilèges particuliers de chacune des
Provinces fussent respectés , également leurs
coutumes législatives , leurs usages &c. qui
n'ont voté que pour le maintien des divers
ordres , quant à leurs prérogatives , qu'afin
qu'ils fussent à jamais perpétués & conservés ,
comme un droit inhérent à la monarchie ;
puisqu'elle-même n'a été que leur ouvrage ;
qui n'ont voté que pour que la justice leur
fût rendue ; mais toujours au nom du Roi ,
par les tribunaux établis & consacrés par
l'expérience des siècles ; qui , enfin , n'ont
voté que pour demander la destruction de
tous les abus qui s'étoient emparés de l'administration politique , civile & morale du
gouvernement. (Sur ce point, important il est
bon d'observer que la volonté , le désir & le
cahier du Roi, votoient expressément sur tous
ces importans objets ; j'en administrerai la

C 2

preuve en rapportant les expressions mêmes du Roi. Que pouvoient donc exiger de plus les soi-disant représentans de la nation)?

D'après cet exposé fidèle, seroit-il vrai-semblable que, généralement toutes nos Provinces, & les peuples qui les habitent eussent eu l'intention tellement unanime & univer-selle de donner à leurs députés des pouvoirs absolus & illimités ; qu'encore, il leur eut été libre de consentir non-seulement à une nouvelle forme de gouvernement, à l'abdica-tion de tous les droits & privilèges de leurs Provinces, mais encore à la dissolution to-tale de la monarchie, au boulversement gé-néral de nos principes constitutifs, à ceux de notre législation, & enfin à ceux de toute administration particulière, même la plus éclairée de l'État.

Non, assurément, nos assemblées de bail-liages et de sénéchaussées, formées de trois ordres, n'eurent jamais une volonté générale, d'une pareille régénération : Les cahiers de chacun des trois ordres, furent expressifs ; des loix sages, des loix modérées, voilà ce qu'ils contenoient ; ce qu'ils sollicitoient. et la ré-forme des abus. Les députés, en recevant donc les cahiers de leurs mandataires, dépôt de leurs volontés, jurèrent entre leurs mains fidélité et soumission : s'ils se sont écartés dans la moindre chose des premières volontés de leurs mandats, ils sont nécessairement devenus aussi-tôt parjures.

Ainsi l'assemblée actuelle n'est donc , sous aucun rapport , ni ne peut être représentative de la nation en générale , mais seulement de ses volontés particulières, car tout député n'est pas le représentant de ses mandataires, il n'est absolument que le fondé de procuration de faire valoir aux états-généraux les mandats de son bailliage ou de sa sénéchaussée qui lui ont été confiés ; et encore il est bon d'observer, que toutes les fois qu'il s'élévera des discussions ou questions étrangères au contenu de ces mêmes mandats , il importe à ce même député de se procurer , sans différer , une nouvelle procuration , ou même de nouveaux pouvoirs , pour du moins être autorisé à opiner sur la question nouvelle.

En supposant actuellement qu'ils avoient des devoirs à remplir , les ont-ils remplis ?

Dans l'hypothèse qu'ils devoient proposer à la nation des loix pour assurer son bonheur et sa prospérité , les loix décrétées jusqu'à ce jour remplissent-elles toutes ces conditions aux yeux de l'homme raisonnable , et de tout le peuple dispersé dans ce vaste empire ?

Vous n'ignorez pas , législateurs , qu'elles doivent être clairement énoncées , précises , fondées sur la raison , la prudence , la sagesse et l'avantage , en un mot reversible au bien et à l'utilité de tous ; si elles manquent de réunir un seul de ces caractères , elles doivent être reconnues équivoques , incertaines , suspectes , ambigues , parconséquent susceptibles de diverses interprétations dans leurs principes , leurs rapports , leurs résultats , et devenant inutiles à la plus grande partie des intéressés à les adopter ; vous voyez donc , législateurs , que puisque vous n'avez point remplis vos devoirs , les vœux du Roi et le but de toute la nation , que ni l'un ni l'autre ne peut adopter vos erreurs ni vos opérations ; que la voix du peuple en général les rejettent , parconséquent elles restent à jamais nulles , sans force et sans effet.

A l'appui des intentions de toute la nation entière , n'étant point vrai qu'elle ait donné des pouvoirs illimités , à ses représentans , et encore moins un aveu de leurs transmissions , faisant même un appel nominal dans toute la France , j'ose affirmer qu'il n'y auroit pas relativement plus de voix en faveur des décrets de l'assemblée , en faveur de la déchéance du roi , que Philippe d'Orléans n'en auroit pour la régence , Robespierre pour la dictature, enfin Marat pour le triumvirat.

Je vais consigner les expressions vraiment paternelles du meilleur des souverains ; qu'il a si souvent renouvellées, en présence des notables de son royaume, qu'il convoqua près de sa personne pour réparer les désastres de l'état. Elles en feront l'intérêt, l'utilité, l'ornement et la force.

« La déplorable position où se trouve mon
» royaume en ce moment de calamité publi-
» que, m'a porté, messieurs, à vous réunir au-
» tour de mon trône pour vous faire connoître
» les malheurs qui nous menacent de toutes
» parts : l'état de nos finances appauvries,
» exige le plus grand et le plus pressant
» ordre : nous devons nous occuper essen-
» tiellement de ramener le crédit et la con-
» fiance perdus, non seulement dans mon
» royaume, mais encore chez les puissances
» étrangères et rivales de la nôtre : nous de-
» vons faire refleurir, autant qu'il nous sera
» possible, notre commerce intérieur et
» extérieur avec l'étranger, protéger nos
» colonies qui nous sont si utiles : nous de-
» vons encourager les arts et les artistes qui
» embellissent nos demeures, et attirent les

» étrangers avec leurs richesses dans notre
» capitale ; nous devons assurer et garantir
» les propriétés à tous nos citoyens sujets,
» sans distinction de rang, et les maintenir
» dans tous leurs droits ; nous devons res-
» pecter les privilèges de chacune de nos
» provinces, leurs coutumes, même leurs
» usages particuliers ; nous devons éteindre
» tous privilèges usurpés et nuisibles au bien
» général des citoyens du royaume ; nous
» devons par dessus tout, et nous eussions
» dû commencer par ce point si important,
» faire révérer la religion de nos pères, son
» dogme, son culte et ses ministres ; porter
» ceux-ci sans cesse à donner aux peuples
» l'exemple de toutes les vertus chrétiennes ;
» nous devons, en conservant précieusement
» et avec un saint respect, les proprié-
» tés de l'église auxquelles ont droit tous
» les hommes qui se rendent dignes et ca-
» pables d'en être les conservateurs pendant
» leur vie ; nous devons, dis-je, faire ensorte
» que leur administration devienne à l'ave-
» nir plus économique pour l'avantage de
» tous les membres, sur-tout pour les pauvres
» familles.

» Nous devons désormais considérer, sous

» le même point de vue , toutes les propriétés
» foncières de l'église , celles de la commune ,
» de la noblesse et de tous les citoyens de
» quelque classe qu'ils puissent être , comme
» ne formant plus qu'une seule manse ter-
» ritoriale , qui doit, avec la plus stricte éga-
» lité et rigueur , payer l'impôt pour sub-
» venir à toutes les charges générales de
» mon royaume et de ma couronne ; nous
» devons maintenir avec scrupule des droits,
» les privilèges, les immunités attachés es-
» sentiellement à tous les ordres de l'état,
» quand sur-tout à leurs propriétés ; nous
» devons nous occuper à détruire toute ser-
» vitude, en main, mortable, lorsqu'elle sera
» demandée par celui qui la supporte ; éga-
» lement nous devons écouter les réclama-
» tions de ceux qui craignent tout acte de
» violence ou ministériel, ou d'autorité ar-
» bitraire de nos subdélégués , dans quelque
» partie d'administration que ce puisse être,
» et les rendre responsables de l'administra-
» tion que notre sagesse aura confiée ; nous
» devons nous occuper promptement à ré-
» former quelques parties, où même à ré-
» générer dans son entier le code législa-
» tif & criminel ; mais par dégrés, sans

» violence , et sur-tout sans interrompre le
» cours de la justice , ni sans renverser le
» corps de la magistrature , en les rempla-
» çans tout - à - coup par d'autres citoyens ;
» que si l'on éteint la vénalité des offices ,
» l'équité exige que le remboursement de
» finance se fasse à l'instant même de la
» retraite des pouvoirs ; nous devons enfin
» rappeler dans toute l'étendue de nos états,
» l'ordre , la paix , l'union et le bonheur ;
» réparer avec le tems nos désastres , et
» continuer à nous faire respecter des puis-
» sances voisines de la nôtre , en veillant à
» augmenter nos forces militaires , à les
» proportionner , aux leurs , et à leur faire
» observer la discipline la plus exacte , sans
» dureté , mais par le sentiment de l'honneur
» Français.

» Je prends à témoin, a-t-il ajouté, l'être
» suprême , l'auteur, le modèle, et l'exemple
» de toute puissance humaine , si depuis le
» moment où le diadême fût posé sur mon
» front, j'ai passé un seul instant sans m'oc-
» cuper de la grandeur des fonctions dont
» son autorité divine , m'a investi, sans me
» pénétrer de toute leur importance , sans
» désirer la félicité de mon peuple , sans re-

» chercher les moyens de l'établir d'une ma-
» nière inébranlable. Oui, Messieurs, c'est
» pour m'assurer de réussir plus efficacement
» dans cette noble entreprise, que je vous
» assemble autour de ma personne : je veux
» recueillir de vos propres bouches, ses
» plaintes, ses vœux, ses lumières et ses con-
» seils.

Tels furent les vœux de notre vertueux monarque, que sa bouche exprima avec tant de sensibilité, au milieu de l'assemblée des notables. Ces vœux si solemnellement énon-cés, ont-ils été remplis ou seulement écou-tés, par les représentans de la nation ; et par quels actes, grand Dieu, le peuple a-t-il répondu à ceux de sa bonté.

Comtemplez Français trop aveugles, ce qu'à fait cette assemblée, et les moyens dont elle s'est servie ; elle a osé subvertir tous les principes de la monarchie, envahir toutes les propriétés, et achever d'anéantir l'ordre, les mœurs et la religion de nos pères ? Je le répéte, ce n'est pas de la nation, ni du roi, qu'ils tiennent ces nouveaux pouvoirs. Car afin qu'ils fussent suffisans et légitimes, il auroit fallu une seconde assemblée des électeurs qui avoient donné les premières instructions au nom du peuple, ou il auroit fallu en choisir de nouveaux, et recommencer la première opération, et sur-tout indispensablement de nouveaux pouvoirs du roi.

Contemplez, ô mes compatriotes, ce qu'ils ont fait; ils ont rompu tous les liens du sang, du devoir, de la subordination, sans lesquels une société ne sçauroit subsister; ils ont écroué vos volontés, vos consciences, vos devoirs votre opinion.

Hé ! dans quel affreux cahos n'ont-ils pas plongé la France ! Quel mélange funeste, d'audace, d'ignorance, d'obstination, d'un délire aussi féroce qu'insensé. Une moitié de la nation indignement abusée, brûle du désir d'exterminer l'autre. Le numéraire a disparu; non seulement le commerce languit dans une stagnation effrayante, et par une suite inévitable, une multitude infinie d'individus, gémit dans les horreurs de la misère, mais encore la confiance et le crédit sont anéantis. L'artiste et l'ouvrier sont sans pain et sans ouvrage ! Interrogez le bourgeois, le marchand, le manufacturier : ils vous répondront que ces législateurs, qui se perdent dans les rêves de la théorie, ont gêné jusqu'à cette branche vivifiante du royaume, resserré son industrie enchaîné, son activité, mis à contribution son travail, leur ont enfin imposé un joug rebutant : le riche est devenu méfiant, parcimonieux avec raison ; les objets de luxe ou de fantaisie, n'ont plus de valeur, plus de débit. Une très-grande partie de la nation a perdu, par la révolution, le trésor le plus précieux, son état ; d'autres, jadis opulens, sont réduits au plus simple nécessaire. Chacun est la victime, et chacun s'épargne sur ses dépenses, plus de charité, parceque les sources bienfaisantes sont taries.

Que sont devenues, s'écrient tous les Français, nos colonies, sources de nos richesses, de notre commerce, qui étoient pour ainsi dire les premiers membres du corps de l'état, et dont la scission ne peut que tôt ou tard lui donner la mort ? Où sont les tribunaux de la justice, les saints tabernacles où reposoient la divinité, je vois ses temples renversés, ses prêtres chassés. Où sont ces illustres Français, dont les ancêtres élevèrent Clovis sur le pavois, et sauvèrent cent fois la monarchie ? Où sont les forces publiques ? Où sont nos armées de terre et de mer ? Elles ont

disparu hors de nos contrées, de notre terri-
toire, et bientôt elles seront cernées par les
autres armées ; déjà elles ne sont plus à notre
pouvoir, elles seront écrasées sous le pied
vainqueur des autres nations. Entendez de
toutes parts, ces peuples que vous voulez ré-
générer : que prétendez-vous nous annoncer
vous disent-ils, par cette exclamation d'un
faux patriotisme ? A nous qui chérissons nos
Rois, nos religions, à nous qui sommes tran-
quilles dans nos contrées, à nous qui payons
sans murmurer nos tributs à l'état ? Est-ce
donc que nous ne sommes plus sujets et membres essentiels de nos états ? Est-ce que nous
en serions devenus tout-à-coup les ennemis,
puisque l'on nous déclare, à toute outrance,
la guerre la plus cruelle, en venant à main
armée ; abattre, incendier nos habitations,
renverser nos temples, envahir leurs biens et
les nôtres, et menacer de massacrer notre
génération pour porter incessament secours
ou seconder vos forfaits ? Déclarez, si vous le
voulez, la guerre à vos vautours affamés de
vos richesses, enfin, à vos réformateurs im-
pitoyables ; mais ne nous inquiétez plus, et
laissez-nous, du moins, nos jouissances mo-
rales et phisiques, telles que Dieu, la nature

et nos pères nous les ont transmises. Nous cultivons tranquillement nos champs, et nos consciences, nous en sacrifions volontiers, et toujours avec joie, une grande portion pour conserver l'autre ? Que voulez-vous de nous, et que pourriez-vous exiger de plus, répondez ?.... Allez, et ne cherchez point à venir surprendre notre crédulité, notre bonne-foi, ni entreprendre la réforme de notre gouvernement, ni celle de nos mœurs antiques. Nous vous conjurons donc, d'aller lancer vos traits empoisonnés du venin de la séduction sur d'autres contrées que sur les nôtres. Mais, croyez, si vous persistez dans vos erreurs et vos forfaits, que vous serez bientôt frappés de la vengeance des hommes, et de la sainte colère de Dieu, vengeur des crimes.

Enfin c'est le comble de nos malheurs ; nous cherchons vainement l'image de la souveraineté, et où réside-t-elle maintenant ? Un droit incontesté, consacré par la longue succession des temps, par l'aveu des Français de tous les siècles, le droit héréditaire avoit assis Louis XVI sur le trône et ce droit solemnel ; l'assemblée nationale même l'a reconnu le 15 Septembre 1789 par un décret prononcé d'une voix unanime, et conçu en ces termes : « *Le gouvernement Français est monarchique. La personne du Roi est inviolable et sacrée, la couronne est héréditaire dans la race régnante.*

N'est-ce pas dire qu'en vertu de la plus sainte des loix, la couronne appartient au Souverain régnant à titre imprescriptible d'hérédité ?

C'est donc un véritable devoir, pour les Monarques d'employer tous leurs efforts pour éteindre au plutôt l'incendie des passions qui consument aujourd'hui la France, et dont les flammes dévorantes embrâseroient en peu de temps l'Europe entière. Plus le volcan s'est allumé dans un royaume dont le peuple ardent porte à l'excès l'impétuosité des systêmes du délire, et même dans ce moment-ci, l'horreur des crimes, plus l'effet de son explosion terrible est à redouter. Il n'y a point de pays où les perturbateurs du repos de celui-ci, ne travaillent à se concilier des partisans, à détruire les autorités anciennes, à persuader à la multitude, qu'elle doit s'arroger à elle-même l'exercice du pouvoir, pour acquérir la gloire d'être libre.

Les peuples ne sont pas moins intéressés que les souverains à repousser, à réprimer la crise épouvantable qui agite la France ; se laisseroient-ils abuser par cette misérable illusion que l'assemblée nationale a déclaré la guerre aux Rois, sans prendre des mesures hostiles contre leurs sujets, en leur annonçant au contraire, les intentions les plus amicales ? La perfidie cruelle de ces novateurs n'est-elle pas imprimée dans cette conduite astucieuse ? Ils s'attachent toujours à en imposer par quelques idées flatteuses et quelques mots sonores, dont la magie est si puissante sur la multitude, tandis qu'ils ne préparent que trop réellement à tous les peuples les mêmes orages qui, depuis près de quatre ans, mettent la France en combustion, les mêmes convulsions sanguinaires qui la déchirent.

« (Voyez le décret du 15 Décembre) par un
» rapport préparatoire, interrompu souvent
» par des applaudissemens, au nom de quatre
» comités réunis.

» Les Généraux des armées Françaises qui
» occupent les pays étrangers, aboliront
» sur-le-champ les impôts, la dîme, la féo-
» dalité, les droits féodaux, la servitude
» personnelle, la corvée et généralement
» tous les privilèges quelconques. Ils dé-
» clareront au peuple qu'ils lui apportent
» paix, secours, fraternité, liberté & égalité.

D

» Ils déclareront en même-temps, en
» termes formels, la suppression de la no-
» blesse et des ordres privilégiés, et que toutes
» les autorités existantes se trouvent à l'ins-
» tant supprimées.

» Les Généraux s'empareront des biens,
» meubles et immeubles, appartenans au fisc,
» aux princes, à leurs fauteurs et adhérans,
» aux établissemens publics, aux commu-
» nautés laïques et ecclésiastiques.

» Ils pourront établir des contributions,
» pourvu qu'elles ne portent pas sur la classe
» laborieuse du peuple.

» La nation française déclare qu'elle trai-
» tera en ennemis tous les peuples qui refu-
» seroient la liberté & l'égalité, & qui vou-
» droient traiter avec leurs princes, leurs
» souverains & leurs castes privilégiées.

» La nation française déclare qu'elle ne
» posera les armes qu'après avoir établi la
» liberté dans tous les pays étrangers, &
» qu'elle ne consentira à aucun accommode-
» ment avec ces peuples ni avec les souve-
» rains. »

Mais il est digne de ces augustes rois,
que des peuples vont élever au contraire à
la suprématie du trône, de profiter du moment où l'Europe entière leur décerne ses
hommages, où d'un autre côté une nation

dans le délire, & une assemblée audacieuse,
qui, contre tout droit, prétend représenter
cette même nation, voudroit imprudemment
provoquer leur colère ; il est digne de ces
monarques de conserver pendant quelques
momens (comme l'Angleterre, par exemple)
la noble impassibilité de la justice, pour en
adresser le langage aux peuples étonnés ou
égarés, & les remettre dans les voies de la
raison & de la sagesse, avant d'exercer
contre ce royaume, qui a violé tant de lois,
des vengeances dont leur sensibilité desire-
roit pouvoir absolument s'abstenir.

Cette épouvantable complication de calamités nous présente un avenir encore plus
affreux ; car, il ne faut pas nous le dissi-
muler, bientôt nous ne serons plus en état
de payer la solde de ces troupes mutinées ;
déjà elles mettent les villages & les villes à
contribution ; qui sait si elles ne les pille-
ront pas, si elles n'embrâseront pas les murs
qu'elles sont destinées à défendre ?

Quand donc cesseront ces dissentions intestines, ces troubles épouvantables, dont la
France est déchirée, cette fureur d'une li-
cence effrénée, ces atrocités du crime, ces
flammes qui incendient des cantons & des
villes entières de ce beau royaume ? Quand
finiront ces scandales révoltans qui l'ont pro-

fané , ces attentats inouis contre l'autorité royale , ces outrages faits à son monarque , dont des systêmes audacieux & criminels menacent l'existence , ou, pour mieux dire , la tiennent continuellement sous le fer des assassins ?

Ah ! mes compatriotes, que de maux, que d'horreurs, que de crimes n'a pas subitement enfanté la réalisation d'une si abominable théorie.

Les voilà donc ces législateurs qui devoient faire le bonheur de leur pays ; voilà donc comme ils remplissent leur mission , qui avoit pour objet pricipal d'alléger le poids énorme qui grevoit les peuples ; les voilà ces amis du bien public , à qui l'on a tout sacrifié ! Mais répondez donc, grands économistes : quels moyens avez-vous de faire exécuter votre plan de république , lorsque toutes les sources de la richesse sont épuisées, lorsque tout va être incessamment livré au pillage, lorsque tous les honnêtes gens sont victimes , écrasés & fugitifs ; enfin jusqu'aux pauvres, qui sont sans appui, sans secours, & affaissés sous le poids de la misère, qui les conduit à la mort ?

Voilà cependant, ô mes concitoyens, le tableau trop fidèle des désastres où nous on réduits ces athées philosophes. En vain cher-

cherions - nous à combattre & à renverser leurs systêmes monstrueux. Non, leurs coups meurtriers & impolitiques sont portés sur tout ; la plaie en est trop profonde, trop dangereuse & trop déshonorante.

O hommes lâches et turbulens, c'est avec raison que vous craignez, du moins vous le faites entendre par l'organe de vos mandataires soldés, la boue du genre humain, & qu'on appele folliculaires, une trop funeste, & pourtant nécessaire *contre-révolution*; vous craignez qu'il ne s'en réalise incessamment une, & vous avez raison de la craindre, parce que vous en deviendrez vous-mêmes les auteurs par vos destructives & fausses opérations qui, s'accumulant chaque jour, font gémir tous les bons français, & mettent sous l'oppression & le fléau de la misère le pauvre des villes & des campagnes. En douteriez-vous encore ? Eh bien, jetez les yeux sur cet immense peuple de la Capitale, qui, déjà par des murmures, par des manœuvres sourdes & répétées, est sur le point de vous assaillir, malgré vos futiles promesses d'un avenir instant & plus heureux pour lui : écoutez ses plaintes amères & les reproches inouis que vous font ces malheureux.

« Nous avons été soldés, vous disent-ils, » pour massacrer les grands, & même pour

» porter nos coups meurtriers sur la famille
» royale ; nous ne savions jusqu'à quelles
» extrémités on nous entraîneroit. Il falloit
» punir, nous disoit-on sans cesse, des *aris-*
» *tocrates* coupables, mériter à ce prix de
» grandes récompenses, & acquérir notre
» liberté. Nous avons donc marché au car-
» nage, commandés & conduits par des
» chefs qui nous étoient inconnus, & sans
» nous en douter, nous avons massacré, assas-
» siné et égorgé ceux qui nous faisoient vivre
» en nous donnant du travail ; les autres
» qui ont échappé à nos coups ont pris la
» fuite, & nous sommes restés oisifs, dans la
» misère, attendant chaque jour le bien-être
» qu'on n'a cessé de nous faire espérer ;
» mais aujourd'hui nous sommes revenus de
» notre erreur ; nous appercevons que nous
» avons été trompés & séduits. Qu'avons-
» nous à faire ? C'est de mettre au jour toutes
» vos intrigues. Nous avons été continuelle-
» ment les ressorts actifs qui faisoient mou-
» voir vos infernales & criminelles machines ;
» vous nous avez armés de torches & de
» poignards, pour menacer & massacrer les
» français soumis à leur foi, à leurs prin-
» cipes & à leur roi ; vous avez répandu
» avec profusion l'or pour nous corrompre
» & nous porter à la révolte ; car c'est ainsi

» que vous avez soumis à votre autorité les
» français craintifs & trop crédules.

Eh ! de combien d'autres moyens, **plus vils**
encore, n'avez-vous pas fait usage, pour arriver
à vos fins ? Tremblez , nous allons tout dé-
voiler , et l'on en frémira , si vous ne vous
dépouillez à l'instant des prérogatives dont
vous jouissez par usurpation ; si vous ne
rentrez vîte dans la classe dont vous êtes
sortis , et si vous n'abjurez pas vos systêmes
politiques ; si vous ne dissuadez à l'instant
toute la nation , toute l'Europe , des crimes
que vous suggérez à notre Roi ; si vous
n'avouez que c'est vous qui avez tendu tous
les piéges pour sa destruction , en abusant
de la sensibilité de son cœur ; que c'est vous
qui l'avez rendu parjure à son Dieu , à son
empire et à lui-même : sa justification est
déjà connue de tout son royaume , de l'Europe , du monde entier ; tout Français frémira d'horreur lorsqu'il entendra le récit
terrible , mais trop fidèle , de cette légitime
justification ; oui , sans doute , on frémira
quand on saura jusqu'à quel point l'imposture fut portée par nos prétendus législateurs,
les trames odieuses qu'ils machinoient nuit
et jour sur les systêmes destructeurs du trône,
de l'empire et de toutes les propriétés.

Et vous aussi, malheureux Parisiens, ci-

(56)

toyens craintifs de toutes les classes; c'est
assez d'avoir, dans le silence . gémi de leurs
forfaits ; c'est assez d'avoir attendu avec une
sorte d'insouciance , l'explosion malheureuse
du volcan de toutes leurs passions ! L'indi-
gence, le désespoir, la honte et le déshon-
neur ne vous ont-ils point déjà fait apperce-
voir votre absurde frénésie ? Un déluge de
calamités qui est prêt à fondre sur vos tête
principalement, ne vous fait-il pas trembler ?
De telles erreurs, de telles atrocités n'eussent-
elles pas dû vous guérir pour jamais de cette
épidémie funeste , et vous porter du moins
à revenir sur vos pas, détruire, en un mot,
vos illusions chimériques ?

Craignez , Parisiens, que votre silence
insultant, sur la défense de votre Roi, ne
vous condamne à jamais aux yeux de l'univers,
de la raison et de la postérité ; sur-tout mettez-
vous en garde contre le soulèvement général
de l'indignation qu'exciteront votre conduite
et le jugement de cette assemblée.

Et vous, législateurs, je vous le dis sans
crainte, c'est de l'honneur du Français, c'est
de sa tranquillité , c'est de sa réputation
jusques dans les âges les plus reculés, dont
il s'agit peut être en ce moment, en vous
en devez compte aux *siècles à venir*

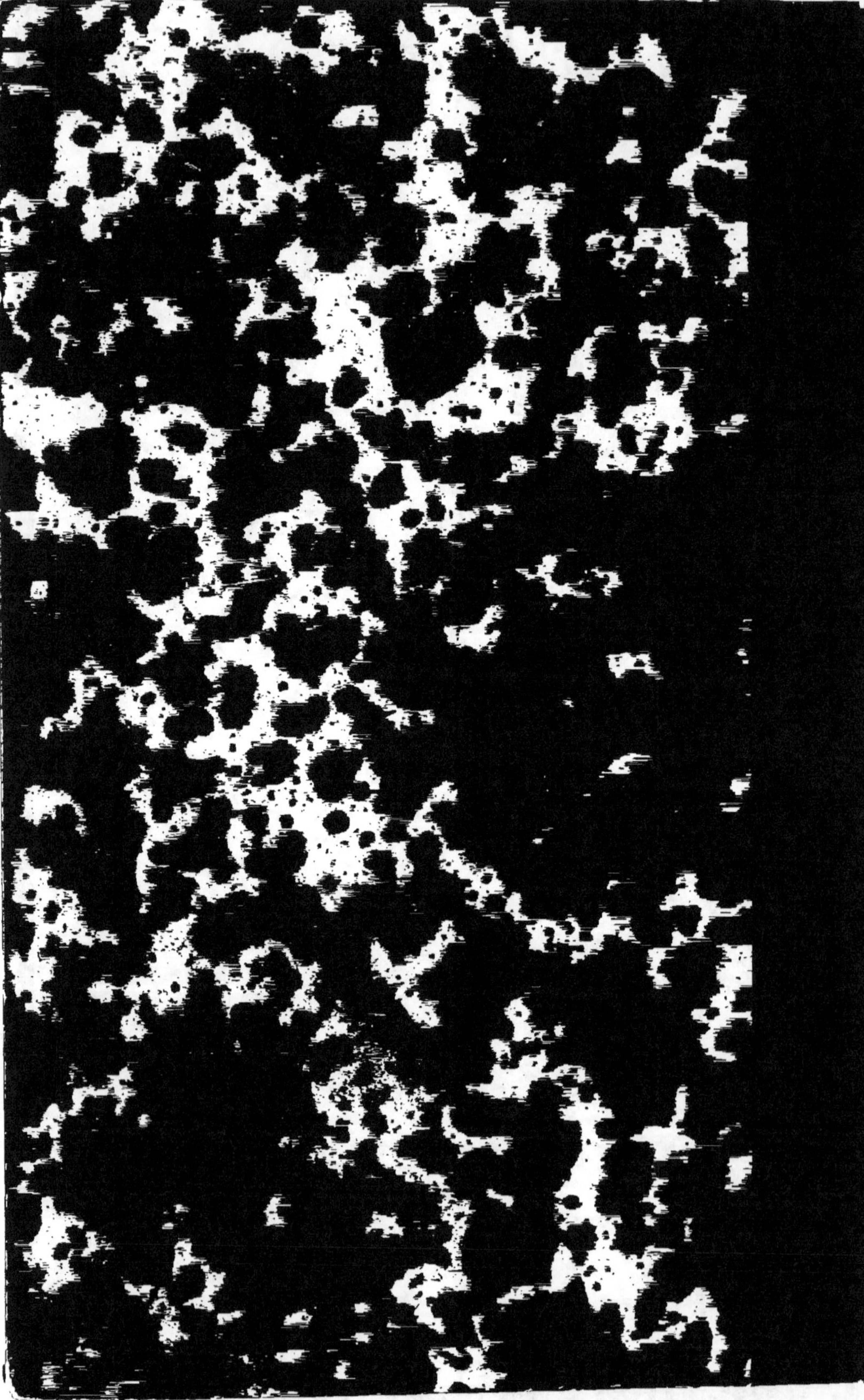